CÓMO CELEBRÁR

LA CUARESMA

LA SEMANA SANTA

Y LA PASCUA

Segunda edición

LTP
Liturgy Training Publications

Reconocimientos

Los textos de las lecturas bíblicas han sido tomados de la © Biblia Latinoamericana. Con los debidos permisos.

La traducción de las aclamaciones de Semana Santa está tomada del © Misal Romano, 2001. Obra Nacional de la Buena Prensa, A.C. Todos los derechos reservados.

El Salmo 1 (20), el Cántico de Simeón (28) y las antífonas de la Santísima Virgen María (29) han sido tomadas de © La Liturgia de las Horas, Obra Nacional de la Buena Prensa, A.C. Todos los derechos reservados.

CÓMO CELEBRAR LA CUARESMA, LA SEMANA SANTA Y LA PASCUA: SEGUNDA EDICIÓN © 2004 Arquidiócesis de Chicago: Liturgy Training Publications, 1800 North Hermitage Avenue, Chicago IL 60622-1101; 1-800-933-1800, facsímil 1-800-933-7094, e-mail orders@ltp.org. Todos los derechos reservados. Visite nuestra página digital: www.ltp.org.

Este libro fue traducido y adaptado por Pedro Rodríguez, CMF. La edición estuvo a cargo de Miguel Arias. Kris Fankhouser fue el editor de producción. Diseño y composición tipográfica en fuente Galliard a cargo de Anna Manhart. Arte original de Helen Siegl. Foto de la portada © 2000 Corbis Images.

Impreso en los Estados Unidos de América.

Número de catálogo en la Biblioteca del Congreso: 2003115011

ISBN 1-56854-519-3

SKLTE2

ÍNDICE

Introducción	2
Carnaval	4
Cuaresma, los 40 días	**5**
Oración	7
Ayuno	8
Limosna	10
Días especiales	14
Oración de la mañana	16
Oración de la tarde	19
Lecturas bíblicas dominicales	24
Lecturas bíblicas Cuaresmales	25
Oración de la noche durante la Cuaresma y la Pascua	27
El Triduo Pascual	**30**
Oraciones	34
Textos bíblicos	36
Domingo de Resurrección	37
Los 50 días de la Pascua	**39**
Oración de la mañana	44
Días especiales	48
Oración de la tarde	50
Lecturas dominicales pascuales	54
Lecturas bíblicas pascuales	56
Pentecostés	58
Bendición de los alimentos	60

Introducción

*Hay 40 días en la Cuaresma,
3 días de Triduo Pascual y 50 días de Pascua*

Estos días forman una sola estación litúrgica: la estación pascual, la primavera de la Iglesia. Las palabras "pascua" y "pascual" se derivan de la palabra *pascha*, que significa paso. En estos días dejamos a un lado la rutina diaria para celebrar nuestra *pascha*.

En el paso del invierno a la primavera reconocemos una imagen de nuestro paso por medio del bautismo. Lo que estaba frío se calienta; lo que estaba oscuro se esclarece. Los esclavizados recobran la libertad y los muertos resucitan a la vida. Durante la pascua volvemos a nuestro bautismo, a la muerte a la que morimos en las aguas del bautismo, y a la vida a la que nacimos en el Espíritu Santo. Renovamos las promesas bautismales y acompañamos a las personas que las hacen por primera vez: los catecúmenos.

El presente libro nos ayudará a celebrar la estación pascual. En él hay oraciones y salmos, reglas y tradiciones con que la Iglesia, todo el Pueblo de Dios, celebra la Cuaresma, el Triduo y la Pascua.

Lea este libro un rato. Decida qué reglas van a observar usted y su familia, qué tradiciones va a hacer suyas, cuándo y dónde va a dedicar un tiempo a la oración. No tema las repeticiones, sobre todo cuando ore los salmos. Repitiendo los salmos, los aprendemos de memoria; así es como las tradiciones se convierten en don que transmitimos de generación en generación. ¡No hay duda que las reglas nos forman como discípulos!

¡Feliz ayuno! ¡Feliz y gozosa Pascua!
¡Feliz y santa *Pascha!*

Carnaval

Durante los días que preceden al Miércoles de Ceniza, se celebra el carnaval. El carnaval es tiempo de danza y baile, de ir al teatro, de sentarse al piano, tocar la guitarra o cantar a coro. La palabra "carnaval" significa "adiós a la carne en las comidas". Nos despedimos de las fiestas, dejamos pocas provisiones en la despensa para prepararnos al ayuno de la Cuaresma. La Cuaresma la tomamos en serio; el carnaval, en cambio, lo tomamos con cierto aire de frivolidad.

Invite a todos a una fiesta de disfraces el martes de carnaval, víspera del Miércoles de Ceniza. Familiarícese bien con alguna tradición o costumbre hispana propia de esta época. Puede ser una función de títeres, una pantomima, la polka, el merengue, la salsa o la cumbia. Invite a sus amigos y enemigos, a extraños y a los más allegados a acompañarlo en esta última celebración antes del inicio del ayuno cuaresmal.

La costumbre medieval de usar disfraces puede convertirse en símbolo del cielo, donde las cosas de la tierra están al revés: allí los locos son sabios, los pobres son ricos y las personas humildes son reyes. Quitarnos los disfraces también puede ser un símbolo del cielo, donde ninguna de las cosas de la tierra quedará oculta, donde la sinceridad y la verdad nos harán libres. Las máscaras se quitan a medianoche del día del Carnaval, se lava la pintura, se quita el maquillaje y se le da la bienvenida a la Cuaresma, la estación en que nos vemos unos a otros como realmente somos.

CUARESMA
LOS 40 DÍAS

La Cuaresma suele coincidir con la primavera. Los días se van haciendo más largos, puesto que el hemisferio norte empieza a volverse hacia el sol, fuente de vida.

Dice Yavé: "Vuelvan a mí de todo corazón" (Joel 2,12). El pecado es el alejamiento del Señor. El Señor nos pide que volvamos hacia él con *todo* nuestro corazón. Pero también nos pide que nos volvamos hacia nuestros hermanos y hermanas de quienes el pecado nos ha separado. Expresamos arrepentimiento mediante la negación de nosotros mismos.

La palabra "Cuaresma" significa "cuarenta días". En realidad, son 46 días en que, en la soledad del desierto y el ayuno, acompañamos al Señor en oración. ¿Qué nos pide el Señor? Nos pide que, desde el Miércoles de Ceniza hasta el Jueves Santo, nos volvamos a él.

Oración, ayuno y limosna

Le negación de sí mismo requiere tres cosas, según el evangelio de san Mateo. Primero, *rezamos:* "Tú, cuando reces, entra en tu pieza, cierra la puerta y reza a tu padre que está adentro contigo". Ayunamos: "No deben darse cuenta de que tú ayunas, sino tu Padre que está en lo secreto".

Damos limosna: "Cuida que tu limosna quede en secreto, y el Padre, que ve los secretos, te premiará".

Todos podemos encontrar razones o excusas para no rezar, para no ayunar, o para no dar limosna. Para muchos estas prácticas ya han pasado de moda e incluso las consideran como beaterías. Las reglas y normas de la Cuaresma ciertamente ya no son tan estrictas como antes, cuando la Iglesia nos las imponía desde afuera. Ahora, no nos la las impone, sino que las asumimos con libertad de espíritu.

Al orar, al ayunar y al hacer obras de misericordia, imitamos a Jesucristo. Él oró y nos enseñó a orar. Jesús ayunó y nosotros también ayunamos. Jesús dio limosna (la palabra griega es *tzedakah*, que significa "obras de justicia". Se nos pide que demos nuestra vida, si es necesario, por nuestros hermanos y hermanas.

Oración

Durante la Cuaresma, más que en otras épocas del año, nos damos cuenta de nuestras necesidades, de nuestro vacío interior, y nuestras limitaciones. Durante la Cuaresma nuestras debilidades y necesidades nos llevan naturalmente a la oración. Sólo cuando nos damos cuenta de nuestro vacío interior y admitimos nuestras limitaciones es cuando empezamos a orar. Las páginas de este librito contienen oraciones sencillas para la mañana, la tarde y la noche: salmos, himnos, la lectura de la Sagrada Escritura, tiempo para el silencio y tiempo para hablar a Dios con nuestras propias palabras.

Cualquiera que sea el tipo de oración que hagamos, empezamos siempre con la Señal de la Cruz. Ésta es la señal de derrota y de victoria, porque la cruz, con la que fuimos marcados el día del bautismo, sigue marcando nuestra vida en la batalla contra nuestra debilidad.

Ayuno

Las palabras "ayuno" y "Cuaresma" son inseparables. Hasta las tiendas de comestibles almacenan menos productos de carne y aumentan las cantidades de los alimentos que son propios de la Cuaresma. Esta es la época en que los animales dan a luz a sus crías o ponen los huevos de los que éstas nacerán. El ayuno de la Cuaresma se originó en estos ritmos de la naturaleza. Durante 40 días recordamos que la tierra es muy parecida al Arca de Noé: todas las criaturas dependen en gran parte unas de otras. El ayuno de la Cuaresma es una forma de participar en el nuevo nacimiento de la estación del año. Solamente si ayunamos juntos podremos los unos preservar la vida de los otros, así como la vida de las generaciones venideras.

San Juan Crisóstomo llama al ayuno "medicina", es decir, algo que preserva o devuelve la salud. Parte del ayuno es también dormir menos y divertirse menos, para que la disciplina de la Cuaresma purifique no solamente nuestras mentes, sino también nuestros cuerpos.

Limosna

Durante todo el año toleramos lo intolerable: que haya gente que pase hambre, que no tenga quien la visite, que no tenga hogar. Y, sin embargo, el bautismo nos exige que no toleremos el mal. Al acercarnos a la Vigilia Pascual, en la que los catecúmenos serán bautizados, la realidad de las lecturas de la Biblia nos desafía a renovar nuestra entrega a la obligación cristiana que tenemos de dar limosna durante todo el año. Se nos invita a dar tiempo, dinero y esfuerzos creativos para alimentar al hambriento, vestir al que está desnudo, visitar a quien vive solo y desamparado, y para restaurar la dignidad y la justicia a quienes sufren por la maldad humana. Dar limosna implica, de un modo especial, usar nuestra energía para cambiar los sistemas que matan, torturan y oprimen a nuestros semejantes en diversas partes del mundo.

San Agustín dijo que para que la justicia pueda volar, necesita dos alas: el ayuno y la limosna.

Los detalles de estas dos prácticas deben ser discutidos y decididos por cada persona, en cada familia o en la parroquia. Una buena norma a seguir es la que nos da Alexander Schmemann: "Que sean limitados y humildes pero, a la vez, consistentes y serios". Y podríamos añadir, que sean concretos y accesibles. La oración, el ayuno y la limosna son el primero platillo obligatorio en el banquete del Reino de Dios.

El viaje de los 40 días

Fueron necesarios 40 días para ahogar en el diluvio el pecado antes de que la nueva creación heredara la tierra (Génesis 7,4). Fueron necesarios casi 40 años para que la generación de esclavos muriera antes de que la generación de los libres entrara en la tierra prometida (Números 14,33–35). Durante 40 días ayunaron y oraron con Moisés, Elías y Jesús para prepararse al trabajo que realizarían el resto de su vida.

El número 40 es simbólico. Simboliza un viaje hacia algo importante. Los catecúmenos se preparan durante 40 días para recibir las aguas del bautismo y entrar en el Reino de Dios. El número 40 simboliza también toda la vida de los bautizados, que tratan de modelar su vida según el Evangelio.

Viajamos con los catecúmenos

Al principio de la Cuaresma, el obispo llama por su nombre a los catecúmenos que van a ser bautizados en la Vigilia Pascual. Sus nombres se escriben en el libro de los elegidos, de los "escogidos". Dios los ha escogido, y ellos, por su parte, han elegido dirigir su vida hacia Dios. Cuaresma son los 40 días que preceden al bautismo de los catecúmenos. En muchas parroquias los que ya están bautizados comparten con los "elegidos" los momentos de lucha y de alegría y, así, re-descubren el significado de su propio bautismo. Durante 40 días, ambos, catecúmenos y bautizados, caminan juntos hacia la pila bautismal.

Celebramos la Cuaresma juntos. Peregrinamos juntos, como parroquia, como Iglesia de todos los colores, edades y modos de vida diferentes. Dejamos un poco aparte las ocupaciones cotidianas para apoyarnos unos a otros en la oración, el ayuno y en socorrer al necesitado con nuestras limosnas. Nos dirigimos a Dios para que nos ilumine y purifique durante el tiempo santo de la Cuaresma.

¡Éste es el tiempo favorable!
¡Éste es el día del Señor!

(2 Corintios 6,2)

Días especiales

San Patricio, 17 de marzo

Durante la Cuaresma el obispo Patricio solía mostrar una hoja de trébol a los catecúmenos para recordarles que pronto serán bautizados en el nombre de la Trinidad. San Patricio cambió las hogueras celtas del día de mayo por el fuego de la noche pascual. La fiesta de san Patricio se celebra durante la Cuaresma, y suele convertirse en un "ayuno festivo".

San José, 19 de marzo (MATEO 1,19)

San José fue el "hombre justo" escogido por Dios para ser el esposo de la Santísima Virgen y el padre legal de Cristo. Muchas personas llevan el nombre de José (Josefina), lo que indica la profunda devoción del pueblo hispano a este santo humilde y sencillo, modelo de obediencia a Dios.

Aniversario del martirio del Arzobispo Óscar A. Romero
24 de marzo (Mateo 5,10)

Óscar A. Romero, Arzobispo de San Salvador, El Salvador, C.A., fue asesinado mientras celebraba la Santa Misa. Su crimen: haber defendido al pueblo salvadoreño contra la guerra fratricida. Se celebra a Óscar A. Romero como mártir perseguido y asesinado "por causa del bien".

La Anunciación, 25 de marzo (Lucas 1,26)

El día empieza a alargarse. Salimos del invierno y entramos en la primavera. Esta fiesta tiene sabor a Pascua. Entre los judíos, cuando una mujer soltera quedaba encinta, se le condenaba a muerte. Cuando María aceptó el mensaje del ángel, aceptó también la condena a muerte. Pero en este caso, el Espíritu, que es vida, triunfó. El cuerpo mortal de María concibió en su seno al inmortal.

Días especiales ▪ 15

Oración de la mañana

Al levantarnos por la mañana, los cristianos debemos alabar y dar gracias a Dios. El nuevo día es un renacer a una vida nueva; es el principio del resto de nuestra vida. Es un resurgir para "contemplar con gozo el clarear del nuevo día" (Liturgia de las Horas). Por eso, nos damos tiempo para orar o para recitar un salmo mientras nos aseamos y preparamos para el trabajo del día. Despertar es un símbolo de nuestra pascua de resurrección.

La Señal de la Cruz

Por la señal de la santa cruz,
 de nuestros enemigos, líbranos,
 Señor, Dios nuestro.
En el nombre del Padre,
 del Hijo,
 y del Espíritu Santo. Amén.

Himno

En nombre de Dios Padre, del Hijo y del Espíritu,
salimos de la noche y estrenamos la aurora;
saludamos el gozo de la luz que nos llega
resucitada y resucitadora.

Tu mano acerca el fuego a la tierra sombría
y el rostro de las cosas se alegra en tu presencia;
silabeas el alba igual que una palabra;
tú pronuncias el mar como sentencia.

Regresa, desde el sueño, el hombre a su memoria,
acude a su trabajo, madruga a sus dolores;
le confías la tierra, y a la tarde la encuentras
rica de pan y amarga de sudores.

Y tú te regocijas, oh Dios, y tú prolongas
en sus pequeñas manos tus manos poderosas
y están de cuerpo entero los dos así creando,
los dos así velando por las cosas.

¡Bendita la mañana que trae la noticia
de tu presencia joven, en gloria y poderío,
la serena certeza, con que el día proclama
que el sepulcro de Cristo está vacío! Amén.

Salmo 57,2-4.9-12

Dios mío, ten compasión de mí,
pues en ti se refugia el alma mía,
y mientras pasa la tormenta
me acojo a la sombra de tus alas.

Yo clamo al Dios Altísimo,
al que me hace mil favores.
Que mande ayuda desde el cielo
y me salve de mis perseguidores.
Envíe Dios su gracia y su verdad.

Alma mía despiértate;
al despertar el día
tocaré instrumentos ante el Señor.

Señor, te alabaré entre los pueblos,
te cantaré entre las naciones.
Porque tu bondad llega hasta los cielos
y tu fidelidad toca las nubes.

Muéstrate, Señor, por encima de los cielos;
brille tu gloria por toda la tierra.

Oración de la tarde

Al caer la tarde, tal vez a la hora de cenar, alabamos a Dios por el trabajo que hemos hecho durante el día. Pedimos perdón por lo que no hemos hecho bien. Y pedimos su protección contra la oscuridad de la noche, que es símbolo de nuestro paso de la muerte a la resurrección, y a una nueva vida.

Se puede encender una vela para dar la bienvenida a la noche y todos comienzan:

Jesús es la luz del mundo.
Esta luz no puede ser vencida por la oscuridad.

Himno

¿Quién es éste que viene,
recién atardecido,
cubierto por sangre
como varón que pisa los racimos?

Éste es Cristo, el Señor,
que venció nuestra muerte
con su resurrección.

¿Quién es éste que vuelve
glorioso y malherido,
y, a precio de su muerte
compra la paz y libra a los cautivos?

Éste es Cristo, el Señor
que venció nuestra muerte
con su resurrección.

Se durmió con los muertos
y reina entre los vivos;
no le venció la fosa,
porque el Señor sostuvo a su elegido.

Salmo 51

Misericordia, Dios mío, por tu bondad;
por tu inmensa compasión borra mi culpa;
lava del todo mi delito,
limpia mi pecado.

Pues yo reconozco mi culpa,
tengo siempre presente mi pecado:
contra ti, contra ti solo pequé,
cometí la maldad que aborreces.

20 ▪ *Oración de la mañana*

En la sentencia tendrás razón,
en el juicio brillará tu rectitud.
Mira, que en la culpa nací,
pecador me concibió mi madre.

Te gusta un corazón sincero,
y en mi interior me inculcas sabiduría.
Rocíame con el hisopo: quedaré limpio;
lávame: quedaré más blanco que la nieve.

Hazme oír el gozo y la alegría,
que se alegren los huesos quebrantados.
Aparta de mi pecado tu vista,
borra en mí toda culpa.

¡Oh Dios!, crea en mí un corazón puro,
renuévame por dentro con espíritu firme;
no me arrojes lejos de tu rostro,
no me quites tu santo Espíritu.

Devuélveme la alegría de tu salvación,
afiánzame con espíritu generoso:
enseñaré a los malvados tus caminos,
los pecadores volverán a ti.

Líbrame de la sangre, ¡oh Dios,
Dios, salvador mío!,
y cantará mi lengua tu justicia.
Señor, me abrirás los labios,
y mi boca proclamará tu alabanza.

Los sacrificios no te satisfacen;
si te ofreciera un holocausto, no lo querrías.
Mi sacrificio es un espíritu quebrantado:
un corazón quebrantado y humillado
tú no lo desprecias.

Señor, por tu bondad, favorece a Sión,
reconstruye las murallas de Jerusalén:
entonces aceptarás los sacrificios rituales,
ofrendas y holocaustos,
sobre tu altar se inmolarán novillos.

Lectura bíblica

Ahora es el momento de proclamar y reflexionar en la Escritura. Vea las páginas 24–25.

Oración universal y Padrenuestro

Al terminar el día ofrecemos al Señor nuestras plegarias e intercesiones. Oramos por la Iglesia, por el mundo, por nuestra parroquia, por las vocaciones sacerdotales y religiosas, por nuestra familia y amistades y finalmente por nosotros mismos. Durante la Cuaresma oramos especialmente por "los elegidos", es decir, por los catecúmenos que van a ser bautizados en la Vigilia Pascual.

Concluimos nuestra oración con el Padrenuestro.

Lecturas bíblicas dominicales

Ciclo A	*Ciclo B*	*Ciclo C*
Primera semana		
Génesis 2,7–9; 3,1–7	Génesis 9,8–15	Deuteronomio 26,4–10
Romanos 5,12–19	1 Pedro 3,18–22	Romanos 10,8–13
Mateo 4,1–11	Marcos 1,12–15	Lucas 4,1–13
Segunda semana		
Génesis 12,1–4	Génesis 22,1–18	Génesis 15,5–18
2 Timoteo 1,8–10	Romanos 8,31–34	Filipenses 3,17–4,1
Mateo 17,1–9	Marcos 9,2–10	Lucas 9,28–36
Tercera semana		
Éxodo 17,3–7	Éxodo 30,1–17	Éxodo 3,1–15
Romanos 5,1–8	1 Corintios 1,22–25	1 Corintios 10,1–12
Juan 4,5–42	Juan 2,13–25	Lucas 13,1–9
Cuarta semana		
1 Samuel 16,1–13	2 Corintios 36,14–23	Josué 5,9–12
Efesios 5,8–14	Efesios 2,4–10	2 Corintios 5,17–21
Juan 9,1–41	Juan 3,14–21	Lucas 15,1–32
Quinta semana		
Ezequiel 37,12–14	Jeremías 31,31–34	Isaías 43,16–21
Romanos 8,8–11	Hebreos 5,7–9	Filipenses 3,8–14
Juan 11,1–45	Juan 12,20–33	Juan 8,1–11
Domingo de Ramos		
Isaías 50,4–7	Isaías 50,4–7	Isaías 50,4–7
Filipenses 2,6–11	Filipenses 2,6–11	Filipenses 2,6–11
Mateo 27,11–54	Marcos 15,1–39	Lucas 23,1–49

Lecturas bíblicas cuaresmales

Miércoles
  de Ceniza Joel 2,12–18 o Mateo 6,1–6.16–18
Jueves   Deuteronomio 30,15–20   Lucas 9,22–25
Viernes   Isaías 58,1–9   Mateo 9,14–15
Sábado   Isaías 58,9–14   Lucas 5,27–32

Primera semana

Lunes	Levítico 19,1–2.11–18	Mateo 25,31–46
Martes	Isaías 55,10–11	Mateo 6,7–15
Miércoles	Jonás 3,1–10	Lucas 11,29–32
Jueves	Ester 13,8–18	Mateo 7,7–12
Viernes	Ezequiel 18,21–28	Mateo 5,20–26
Sábado	Deuteronomio 26,16–19	Mateo 5,43–48

Segunda semana

Lunes	Daniel 9,4–10	Lucas 6,36–38
Martes	Isaías 1,10.16–20	Mateo 23,1–12
Miércoles	Jeremías 18,18–20	Mateo 20,17–28
Jueves	Jeremías 17,5–10	Mateo 7,7–12
Viernes	Génesis 37,3–4.12–28	Mateo 21,33–46
Sábado	Miqueas 7,14–15.18–20	Lucas 15,1–3.11–32

Tercera semana

Lunes	2 Reyes 5,1–15	Lucas 4,24–30
Martes	Daniel 3,25.34–43	Mateo 18,21–35
Miércoles	Deuteronomio 4,1.5–9	Mateo 5,17–19
Jueves	Jeremías 7,23–28	Lucas 11,14–23
Viernes	Oseas 14,2–10	Marcos 12,28–34
Sábado	Oseas 6,1–6	Lucas 18,9–14

Cuarta semana

Lunes	Daniel 13,1–62	Juan 8,1–20
Martes	Ezequiel 49,1–9.12	Juan 5,1–16
Miércoles	Isaías 49,8–15	Juan 5,17–30
Jueves	Éxodo 32,7–14	Juan 5,31–47
Viernes	Sabiduría 2,1.12–22	Juan 7,1–30
Sábado	Jeremías 11,18–20	Juan 7,40–53

Quinta semana

Lunes	Daniel 13,1–9.15–17.19–30.33–62	Juan 8,12–20
Martes	Números 21,4–9	Juan 8,21–30
Miércoles	Daniel 3,14–20	Juan 8,31–42
Jueves	Génesis 17,3–9	Juan 8,51–59
Viernes	Jeremías 20,10–13	Juan 10,31–42
Sábado	Ezequiel 37,21–28	Juan 11,45–56

Semana santa

Lunes	Isaías 42,1–7	Juan 12,1–11
Martes	Isaías 49,1–6	Juan 13,21–38
Miércoles	Isaías 50,4–9	Mateo 26,14–25

Lecturas cuaresmales

Oración de la noche

Desde el Miércoles de Ceniza hasta Pentecostés

La noche es tiempo de vigilia y de sueño. La noche es símbolo de nuestro paso al eterno descanso, nuestra esperanza de entrar al cielo. La oración de la noche puede rezarse de rodillas durante la Cuaresma y de pie durante la Pascua.

Dios mío ven en mi auxilio.
Señor, date prisa en socorrerme.

Gloria al Padre . . .

Salmo 131

Señor, mi corazón no es engreído
 ni mis ojos soberbios.
Ni me he puesto a buscar cosas grandiosas
 o muy maravillosas para mí.

Al contrario, tranquila y en silencio,
 he mantenido mi alma
 como un niño en los brazos de su madre.

Israel, pues, espera en el Señor
 desde ahora y por siempre.

Cántico de Simeón

Ahora, Señor, según tu promesa,
 puedes dejar a tu siervo irse en paz,

Porque mis ojos han visto a tu Salvador,
 a quien has presentado ante todos los pueblos:

Luz para alumbrar a las naciones
 y gloria de tu pueblo Israel.

Santiguándose

Que el Señor todopoderoso nos bendiga
 y proteja,
perdone nuestras culpas y nos lleve a la vida
 eterna. Amén.

Oración nocturna a la Santísima Virgen

(Tradicionalmente la última oración del día se dirige a María).

Salve, Reina de los cielos
   y Señora de los ángeles;
   salve raíz, salve porta,
   que dio paso a nuestra luz.

Alégrate, virgen gloriosa,
   entre todas la más bella;
   salve, agraciada doncella,
   ruega a Cristo por nosotros.

Reina del cielo

(Durante la Pascua)

Reina del cielo, alégrate, aleluya,
porque Cristo,
a quien llevaste en tu seno, aleluya,
ha resucitado, según su palabra, aleluya.
Ruega al Señor por nosotros, aleluya.

El Triduo pascual

Triduo significa "tres días". Para los judíos el día empezaba al atardecer y terminaba al atardecer del día siguiente. El Triduo Pascual comienza la tarde del Jueves Santo y termina la tarde del Domingo de Resurrección. Estos tres días forman una sola festividad, la Pascua, nuestra Pascua. Nos reunimos con toda la gente de la parroquia y con los cristianos de todo el mundo, para ayunar, orar y esperar en vigilia el paso del Señor.

¿Por qué tres días?

Durante tres días, Ester ayunó y Judit estuvo en vigilia, los exiliados regresaron a Jerusalén y los hebreos caminaron hacia las aguas del Mará. Por tres días, la oscuridad cubrió a Egipto, Ezequías permaneció mortalmente enfermo, Jonás estuvo en el seno de un pez, y Pablo esperó en la ceguera.

El tercer día, Abraham ofreció a su hijo unigénito en sacrificio, Dios bajó en fuego y viento sobre el Sinaí, el Niño Jesús fue hallado "en la casa de su Padre" y Jesús, ya hombre, hizo la "primera de las señales milagrosas" en Caná de Galilea. Haciéndose eco de las palabras de Oseas, Jesús anunció los tres días de la Pascua cristiana: su muerte, su descanso en el sepulcro y la resurrección.

El Triduo Pascual, "los tres días de la Pascua", son para nosotros, días de muerte, descanso y resurrección. Nos acercamos hacia las aguas del bautismo. Buscamos la luz y la liberación. Durante tres días subimos al monte Moria, el Sinaí, y el Gólgota. Los que estaban perdidos son encontrados y los que estaban en el exilio regresan a casa.

¿Por qué el viernes, el sábado y el domingo?

El primer día del triduo, desde la puesta del sol del Jueves Santo hasta la puesta del sol del Viernes Santo, es el sexto día de la creación, cuando Dios nos creó con el barro de la tierra y nos dio vida con su aliento. Al morir, Cristo se durmió profundamente, como Adán, para que fuéramos formados en su propio cuerpo, como Eva. Jesús, así, completó una nueva creación. El Jueves Santo nos lavamos los pies unos a otros con humildad. Ayunamos como si de nuevo estuviéramos en el paraíso. Vamos hacia la cruz como si ésta fuera el árbol de la vida.

El segundo día del triduo comienza al atardecer del Viernes Santo y concluye al atardecer del Sábado Santo. Al ser enterrado, el Señor descansó y nosotros con él. Pero este día también es imagen de la ausencia del tiempo antes de que el tiempo comenzara. En la muerte, Jesús entró en "el vacío sin forma", la nada absoluta que precedió la creación. Este día seguimos ayunando con la ansiedad propia de la persona que ama profundamente pero tiene que estar temporalmente separada de la persona amada. Estamos en vigilia, aprendemos las lecciones del descanso total, el silencio y la oscuridad. Reservamos este día, único en todo el año, para no hacer absolutamente nada.

El tercer día del triduo, que comienza al atardecer del Sábado Santo, es el de la gran sorpresa. La luz brilla en las tinieblas. El orden nace del caos. La vida da muerte a la muerte. Aparece el arco iris y el Mar Rojo se abre para dar paso por entre las aguas. El Jordán salta y Jonás nada con la ballena. Daniel se acurruca en medio de los leones y los tres jóvenes se pasean por entre las llamas. Un cordero ofrecido en sacrificio resucita para convertirse en el buen pastor de nuestras almas.

Por todo esto, hacemos que esta noche brille como el día. Leemos los mejores pasajes de las Escrituras y cantamos nuestros Salmos favoritos. Somos testigos de la resurrección entre nosotros mismos, cuando los recién nacidos, hijos e hijas de Dios resurgen de las aguas del bautismo y son ungidos con el oloroso aceite de la confirmación y guiados para recibir, por vez primera, la eucaristía.

A medida que la oscuridad de la noche desparece con la alborada, termina el Triduo Pascual. Nuestra Pascua ha florecido en explosión de luz, color y vida.

Oraciones

La liturgia del Triduo Pascual es una sola celebración. Pude decirse que es una sola celebración en tres momentos. A continuación ofrecemos algunas de las oraciones de esta liturgia para orarlas y hacerlas nuestras durante el ayuno del Viernes Santo y Sábado Santo,

así como durante la alegría del Domingo
de Resurrección.

Nos gloriamos en la cruz
de nuestro Señor Jesucristo, porque él
es nuestra salvación, nuestra vida
y nuestra resurrección.
Por él somos liberados.

Donde hay caridad y amor allí está Dios.

¡Santo Dios! ¡Santo fuerte!
Santo inmortal, líbranos de vivir y morir
en pecado mortal.

Te adoramos, oh Cristo, y te bendecimos,
que por tu santa cruz
redimiste al mundo.
Y a mí, pecador. Amén.

Te adoramos, Señor,
veneramos tu cruz,
abrazamos tu resurrección.
por tu cruz has traído el gozo al mundo.

Textos bíblicos

Jueves por la tarde
Éxodo 12,1–8.11–14
1 Corintios 11,23–26
Juan 13,1–15

Viernes por la tarde
Isaías 52,13—53,12
Hebreos 4,1–16; 5,7–9
Juan 18,1—19,42

Sábado por la tarde–Vigilia Pascual
Génesis 1,1–22
Génesis 22,1–18
Éxodo 14,15—15,1
Isaías 54,5–14
Isaías 55,1–11
Baruc 3,9–15.32—4,4
Ezequiel 36,16–28
Romanos 6,3–11
Mateo 28,1–10 (Ciclo A)
Marcos 16,1–8 (Ciclo B)
Lucas 24,1–12 (Ciclo C)

También se acostumbra leer y meditar los siguientes pasajes bíblicos: Éxodo 5—12 (las plagas de Egipto); Deuteronomio 32 (el cántico de Moisés); Isaías 5 (el cántico de la viña); Isaías 38 (el cántico de Exequias); Cantar de los Cantares 3, 5, 8; Lamentaciones; Jonás; Oseas 6, 11; Juan 14—17; y Hebreos.

Domingo de Resurrección

El mejor desayuno del año es el del Domingo de Resurrección. Toda la primera semana de Pascua es una prolongación gozosa del fin del ayuno cuaresmal. El ayuno cuaresmal se ha convertido en una fiesta pascual.

Al poner la mesa para el desayuno del día de la Pascua, sería bueno colocar al centro de la mesa un cirio pascual lo suficientemente grande como para que dure los 50 días de la Pascua. También ayudaría crear un ambiente pascual, que se trajera a casa fuego de la Iglesia para encender el cirio así como agua para ponerla en un recipiente sobre la mesa. Es bueno celebrar la Pascua como si se tratara de un día de campo en familia, al que invitamos no sólo a los amigos sino también a los extraños. Una invitación a un desconocido puede tener la magia de liberarnos. Después de todo, sabemos que una invitación a un extraño encendió el corazón de unos caminantes. Las comidas del tiempo pascual deben indicar que estamos de fiesta.

El Triduo Pascual ▪ 37

Tamales, mole, enchiladas, arroz con pollo, arepas, arroz con leche, flan, gelatinas, son comidas que nos ponen en ambiente de fiesta.

Para bendecir la mesa se puede usar la oración que aparece en la página 61, rociando con agua bendita no sólo los alimentos sino también a los comensales. La alegría y el colorido de los trajes y sombreros nuevos, los Aleluyas, azucenas y los lirios de la Misa de Pascua proclaman la llegada de un tiempo nuevo. ¡Éste es el día del Señor! ¡Éste es el tiempo de la salvación! ¡Alegrémonos y regocijémonos porque el Señor nos ha liberado. ¡Cristo ha resucitado y, con su resurrección, ha garantizado la nuestra! ¡Ésta es la Pascua Florida!

"Anuncien a los pueblos
lo que han visto y oído:
aclamen al que viene
como la paz, bajo un clamor de olivos.
Este es Cristo, el Señor,
que venció nuestra muerte
con su resurrección".

Los 50 días de la
PASCUA
—

Los judíos celebran dos fiestas importantes durante la primavera, la *Pesach* y la *Shavuot*. La *Pesach* (pascua) se celebra en la primera luna llena nueva después del equinoccio de primavera. En Israel, esta fiesta coincide con la cosecha de la cebada. La *Shavuot* se celebra 50 días después y coincide con la cosecha de trigo.

Ambas fiestas recuerdan lo más fundamental de la existencia de Israel como nación. La *Pesach* renueva la salida de Egipto, cuando el Señor escuchó las lamentaciones de los esclavos y los liberó con brazo poderoso y mano portentosa. La fiesta de *Shavuot* señala la entrega de la Ley en el monte Sinaí, la alianza entre Dios y el pueblo judío.

Para los cristianos, los 50 días después de la primavera empiezan con la fiesta de *Pesach,* de la que san Pablo escribió: "Cristo, nuestra pascua, ha sido sacrificado". Los 50 días terminan con la historia de la llegada del Espíritu Santo sobre los discípulos, en la fiesta de *Shavuot.*

Los 50 días, nuestro gran domingo

Cincuenta días son la séptima parte del año. Celebramos estos cincuenta días como el Día del Señor, "el gran domingo". Cincuenta días son una semana de siete semanas más un día, que, a su vez, son símbolo de la eternidad.

El tiempo pascual es la época en que más fácilmente vivimos pensando que el Reino de Dios ha llegado ya. Los cristianos, tanto los recién bautizados como los que ya fueron bautizados hace tiempo, celebran el banquete de bodas del cielo con la tierra, no con ayuno o luto, sino cantando incesantemente el Aleluya.

Cada vez son más las parroquias en las que el tiempo pascual no se celebra solamente como algo que sucedió hace mucho tiempo: se celebra la muerte y la resurrección de Cristo entre nosotros.

Los 50 días son nuestra luna de miel

El bautismo trae sus consecuencias. En él hay un gran misterio que debemos descifrar y una misión que debemos comprender. En cierto modo, somos como recién casados que empiezan a vivir juntos. En el *exultet* de la Vigilia Pascual cantamos: "¡Qué noche tan dichosa en que se une el cielo con la tierra!". En el bautismo, Dios nos abrazó y nosotros abrazamos a Dios. ¡Nos hemos unido a él en alianza! El tiempo pascual ¡Los cincuenta días! ¡Nuestra luna de miel!

¿Cómo celebramos nuestra luna de miel? ¿Qué hacer para que cada uno de estos cincuenta días sea una fiesta del Espíritu Santo? Andamos por el camino de Emaús, nos sentamos junto al mar de Galilea y subimos al Monte de los Olivos. El tiempo pascual es muy apropiado para visitar el zoológico y los parques, para cuidar los jardines y macetas que prometen vida y belleza. El tiempo pascual es la época en que abrimos las puertas de las casas para que entre el aire fresco, y las puertas de nuestro corazón para que entren nuestros hermanos y hermanas, para quienes, tal vez, las hemos tenido cerradas. El tiempo pascual es tiempo de vida, de resurrección, de recomenzar con nueva vitalidad.

Celebremos el tiempo pascual demostrando al mundo que Cristo resucitado es una realidad en cada uno de nosotros. ¡Que nuestros corazones y las puertas de nuestra casa estén abiertas para todos!

Oración de la mañana

Cada mañana es un despertar pascual, una imagen de la resurrección. Cada desayuno es una fiesta de Cristo resucitado. Al comenzar cada día, nos damos tiempo para glorificar y dar gracias a Dios por nuestra Pascua en Cristo.

Señal de la cruz

(Más que en cualquier época del año, durante la Pascua acostumbramos hacer la señal de la cruz con el agua que fue bendecida durante la Vigilia Pascual. Esta agua nos recuerda y renueva el bautismo).

En el nombre del Padre,
y del Hijo
y del Espíritu Santo.

Éste es el día del Señor, ¡aleluya!
Alegrémonos y gocémonos en él, ¡aleluya!

Himno

¡Aleluya! ¡Aleluya!

Ofrezcan los cristianos
ofrendas de alabanza
a la gloria de la víctima
propicia de la Pascua.

Cordero sin pecado,
que a las ovejas salva,
a Dios y a los culpables
unió con nueva alianza.

Lucharon vida y muerte
en singular batalla,
y, muerto el que es la vida,
triunfante se levanta.

"¿Qué has visto de camino,
María, en la mañana?".

"A mi Señor glorioso,
la tumba abandonada,
los ángeles testigos,
sudarios y mortaja.

¡Resucitó de veras
mi amor y mi esperanza!

Vengan a Galilea
allí el Señor aguarda;
allí verán los suyos
la gloria de la Pascua".

Primicia de los muertos,
sabemos por tu gracia
que estás resucitado;
la muerte en ti no manda.

Rey vencedor, apiádate
de la miseria humana
y da a tus fieles parte
en tu victoria santa. Amén. ¡Aleluya!

Salmo 30,3–4.6–12.13

Oh Señor y Dios mío, clamé a ti
    y me has sanado.
Señor, tú sacaste mi alma del abismo,
me hiciste revivir cuando bajaba a la fosa.

Al atardecer nos visita el llanto
    y por la mañana la alegría.

Convertiste mi duelo en alegre danza,
me sacaste el vestido de penitencia
    y me vestiste de alegría.

Por eso, que mi alma cante y no se calle.
Señor, Dios mío, yo te quiero alabar eternamente.
¡Aleluya!

Padrenuestro

La oración de la mañana concluye con el Padrenuestro.

Días especiales

San Marcos, 25 de abril

San Marcos fue discípulo de san Pedro, sobre cuya predicación escribió el segundo Evangelio. Un buen tributo a san Marcos sería leer su Evangelio durante esta época.

Día del niño, 30 de abril

México y muchos países latinoamericanos celebran en esta fecha el Día del Niño. Los niños fueron predilectos de Jesús—así lo relata el Evangelio. De hecho, nos advirtió de la necesidad de ser como ellos para entrar en el Reino de los cielos y, que no impidamos que los niños se acerquen a él (Marcos 10,13–16). Dijo también, que quien recibe a un niño, lo recibe a él (Marcos 9,37).

Día de las madres
10 de mayo o Segundo Domingo de mayo

Marcos 7,24–30

"Aunque una madre se olvidara de la criatura que lleva en sus entrañas, yo no me olvidaré de ustedes", dice el Señor, para indicar qué tan grande es el amor de una madre por sus hijos e hijas. Es imposible que una madre se olvide de sus criaturas. Es justo, pues, que, por lo menos dediquemos un día del año a festejarlas a ellas como madres, y festejar la maternidad en todo sentido, y demostremos nuestro cariño, amor y respeto.

Día del maestro, 15 de mayo

Mateo 22,34–40

Muy apropiadamente celebramos en nuestra cultura el Día del Maestro(a) en este mes de mayo, en medio de la alegría pascual. Cristo, nuestro maestro, ha puesto a los maestros y maestras en nuestra vida para que nos ayuden a desarrollar nuestra inteligencia. Su influencia es muy importante en nuestra vida y la de nuestros hijos e hijas, así como lo fue la vida de Jesús, el maestro por excelencia, en la vida de los niños y de sus apóstoles mismos, por quienes se preocupó cuando vivió en nuestro mundo.

Días especiales

Oración de la tarde

Durante la Pascua, la caída de la tarde nos recuerda las comidas que Jesús resucitado hacía con sus discípulos al caer la tarde. Siempre que nos reunió por la tarde, al oscurecer, a la luz de una vela, para partir el pan en alabanza a Dios, Cristo está con nosotros, en medio de nosotros.

La ceremonia de encender el cirio

Se puede encender un cirio o vela pascual para recibir la caída de la tarde. Mientras alguien enciende el cirio, todos dicen:

Jesucristo es la luz del mundo, ¡aleluya!
Luz que las tinieblas nunca podrán vencer,
 ¡aleluya!

Himno

¿Qué ves en la noche, dinos, centinela?

Dios como un almendro
con la flor despierta;

Dios que nunca duerme,
busca quien no duerma,
y entre las diez vírgenes,
sólo hay cinco en vela.

Gallos vigilantes
que la noche alertan,
quien negó tres veces
otras tres confiesa,
y pregona el llanto
lo que el miedo niega.

Muerto le bajan
a la tumba nueva.
Nunca tan adentro
tuvo al sol la tierra.
Daba el monte gritos,
piedra contra piedra.

Vi los cielos nuevos
y la tierra nueva.
Cristo vivo entre los vivos,
y la muerte muerta.
Dios en las criaturas,
¡Y eran todas buenas!

Oración de la tarde

Salmo 114

¡Aleluya!
Al salir de Egipto,
cuando los de Jacob llegaron al desierto,
Judá pasó a ser el tiempo de Dios
e Israel su posesión.

El mar lo vio y huyó,
el Jordán retrocedió,
los cerros saltaron como carneros
y como corderos las lomas.
¿Qué te pasa mar que huyes
y a ti, Jordán, que retrocedes?
¿Por qué saltan los cerros como carneros
y como corderos las lomas?

Tiembla, tierra, ante el rostro de tu Señor,
ante la cara del Dios de Jacob,
que cambia la roca en manantial,
y de la piedra sale agua. ¡Aleluya!

Lectura bíblica

Ahora es el momento de leer la lectura que corresponde al día de hoy en el Leccionario ferial. Ver páginas 25–26.

Intercesiones y Padrenuestro

(Al terminar el día, dirigimos nuestras oraciones al Padre en el nombre de Jesús. Oramos por la Iglesia, por el mundo, por nuestra parroquia, por nuestros vecinos, por nuestra familia y amistades, y por nosotros mismos. Durante la Pascua hacemos una oración especial por las personas que fueron bautizadas en la Vigilia pascual. Concluimos con el rezo del Padrenuestro).

Lecturas dominicales pascuales

Ciclo A	*Ciclo B*	*Ciclo C*

Domingo de Pascua
Hechos 10,34–43
Colosenses 3,1–4
Juan 20,1–9

Hechos 10,34–43
Colosenses 3,1–4
Juan 20,1–9

Hechos 10,34–43
Colosenses 3,1–4
Juan 20,1–9

Segundo Domingo
Hechos 2,42–47
1 Pedro 1,3–9
Juan 20,19–31

Hechos 4,32–35
1 Juan 5,1–6
Juan 20,19–31

Hechos 5,12–16
Apocalipsis 1,9–19
Juan 20,19–31

Tercer Domingo
Hechos 2,14–28
1 Pedro 1,17–21
Lucas 24,13–35

Hechos 3,13–19
1 Juan 2,1–5
Lucas 24,35–48

Hechos 5,27–41
Apocalipsis 5,11–14
Juan 21,1–19

Cuarto Domingo
Hechos 2,14.36–41
1 Pedro 2,20–25
Juan 10,1–10

Hechos 4,8–12
1 Juan 3,1–2
Juan 10,11–18

Hechos 13,14.43–52
Apocalipsis 7,9.14–17
Juan 10,27–30

Quinto Domingo
Hechos 1,6–7
1 Pedro 2,4–9
Juan 14,1–12

Hechos 9,26–31
1 Juan 3,18–24
Juan 15,1–8

Hechos 14,21–27
Apocalipsis 21,1–5
Juan 13,31–35

Ciclo A	*Ciclo B*	*Ciclo C*
Sexto Domingo		
Hechos 8,5–17	Hechos 10,25–48	Hechos 7,55–60
1 Pedro 4,13–16	1 Juan 4,11–16	Apocalipsis 22,12–20
Juan 17,1–11	Juan 17,11–19	Juan 17,20–26
Séptimo Domingo		
Hechos 1,12–14	Hechos 1,15–26	Hechos 7,55–60
1 Pedro 4,13–16	1 Juan 4,11–16	Apocalipsis 22,12–20
Juan 17,1–11	Juan 17,11–19	Juan 17,20–26
Pentecostés		
Hechos 2,1–11	Hechos 2,1–11	Hechos 2,1–11
1 Corintios 12,3–13	1 Corintios 12,3–13	1 Corintios 12,3–13
Juan 20,19–23	Juan 20,19–23	Juan 20,19–23

Lecturas bíblicas Pascuales

Semana de Pascua
Primera semana

Lunes de Pascua	Hechos 2,14.22–33	Mateo 28,8–15
Martes de Pascua	Hechos 2,36–41	Juan 20,11–18
Miércoles de Pascua	Hechos 3,1–10	Lucas 24,13–35
Jueves de Pascua	Hechos 3,11–26	Lucas 24,35–48
Viernes de Pascua	Hechos 4,1–12	Juan 21,1–14
Sábado de Pascua	Hechos 4,13–21	Marcos 16,9–15

Segunda semana

Lunes	Hechos 4,23–31	Juan 3,1–8
Martes	Hechos 4,32–37	Juan 3,7–15
Miércoles	Hechos 5,17–26	Juan 3,16–21
Jueves	Hechos 5,27–33	Juan 3,31–36
Viernes	Hechos 5,34–42	Juan 21,1–14
Sábado	Hechos 4,13–21	Juan 6,16–21

Tercera semana

Lunes	Hechos 6,8–15	Juan 6,22–29
Martes	Hechos 7,51—8,1	Juan 6,30–35
Miércoles	Hechos 8,1–8	Juan 6,35–40
Jueves	Hechos 8,26–40	Juan 6,44–51
Viernes	Hechos 5,34–42	Juan 6,52–59
Sábado	Hechos 9,31–42	Juan 6,60–69

Cuarta semana

Lunes	Hechos 11,1–8	Juan 10,1–10
Martes	Hechos 11,19–26	Juan 10,22–30
Miércoles	Hechos 12,24—13,5	Juan 12,44–50

Jueves	Hechos 13,13–25	Juan 13,16–20
Viernes	Hechos 13,26–33	Juan 14,1–6
Sábado	Hechos 13,44–53	Juan 14,7–14

Quinta semana

Lunes	Hechos 14,5–18	Juan 14,21–26
Martes	Hechos 14,19–28	Juan 14,27–31
Miércoles	Hechos 15,1–6	Juan 15,1–8
Jueves	Hechos 15,7–21	Juan 15,9–11
Viernes	Hechos 15,22–31	Juan 15,12–17
Sábado	Hechos 16,1–10	Juan 15,18–21

Sexta semana

Lunes	Hechos 16,11–15	Juan 15,26—16,4
Martes	Hechos 16,22–34	Juan 16,5–11
Miércoles	Hechos 17,15.22—18,1	Juan 16,12–15
Jueves	Hechos 18,1–11	Mateo 28,16–20
Viernes	Hechos 18,9–18	Juan 16,20–23
Sábado	Hechos 18,23–28	Juan 16,23–28

Séptima semana

Lunes	Hechos 19,1–8	Juan 16,29–33
Martes	Hechos 20,17–27	Juan 17,1–11
Miércoles	Hechos 20,28–38	Juan 17,11–19
Jueves	Hechos 22,30; 23,6–11	Juan 17,20–26
Viernes	Hechos 25,13–21	Juan 21,15–19
Sábado (por la mañana)	Hechos 28,16–20.30–31	Juan 21,20–25
Vigilia de Pentecostés	Génesis 11,1–9; Éxodo 19, 3–8.16–20; Ezequiel 37,1–14; Joel 3,15	Juan 7,37–39

Pentecostés

Ha pasado la primavera y llega el verano. Lo que antes era desierto, ahora está lleno de verdor. Lo que antes estaba frío, ahora arde con el calor. El sol llega a su cenit a medida que el día se alarga en atardeceres larguísimos. Abrimos las ventanas, dejamos las puertas abiertas. El grano de trigo que empieza a despuntar produce 50 veces más de lo que se sembró. Ha terminado la estación de la Pascua.

Ahora repetimos historias que nos han ayudado a crecer y a llegar a cierto grado de plenitud. Hablamos de puertas y corazones abiertos. Hablamos del espíritu que nos cobija como una paloma con las alas extendidas sobre las aguas bautismales.

Pentecostés es el cimiento de la Pascua. Los huevos se convierten en polluelos (¡paráclitos!), las flores se convierten en los primeros frutos y la libertad es la ley que impera. Todo esto amerita que celebremos, que hagamos fiesta.

La Pascua sin Pentecostés sería como una promesa que no se cumple, o como una criatura que no crece. Por tanto, con la alegría que nos inspira el Espíritu Santo, celebramos con todo lo que nos habla de la primavera convertida en verano, con los ríos convertidos en refrescantes lugares de recreo, con vacaciones tan merecidas como esperadas, con las visitas a los familiares que viven lejos y con largas tardes cargadas de calor; todas éstas, señales de crecimiento en plenitud y promesas cumplidas.

La Cuaresma, la Semana Santa y la Pascua, terminan hoy, El peregrinar que empezamos con cenizas de penitencia sobre la frente, termina con el fuego ardiente del verano.

Bendición cuaresmal de los alimentos

En todas las comidas de Cuaresma hay que observar cierto grado de comedimiento y ayuno. En esta sencilla oración, la persona que dirige puede decir la primera parte, mientras que los demás responden, de memoria, con la segunda parte de cada frase. Esta bendición de la mesa puede formar parte de la oración de la tarde que aparece en la página 50.

Estuve hambriento: y me dieron de comer.
Estuve sediento: y me dieron de beber.
Fui forastero: y me recibieron en su casa.
Estuve desnudo: y me visitaron.
Estuve enfermo: y me consolaron.
Estuve en la cárcel: y me visitaron.

Señor Jesucristo,
   te pedimos que nuestro ayuno cuaresmal
   nos dirija hacia las demás personas
      en necesidad.

Bendice nuestra mesa, estos alimentos,
 y a nosotros mismos.
Concédenos caminar durante esta Cuaresma
 con alegría,
 y llegar pronto a tu Pascua.
En el nombre del Padre,
 y del Hijo,
 y del Espíritu Santo. Amén.

Bendición pascual de los alimentos

Las comidas pascuales forman parte de nuestra celebración, de la participación anticipada del Reino de Dios, donde los hambrientos serán alimentados y donde las divisiones serán superados. Esta oración puede usarse como parte de la Oración de la tarde, que aparece en la página 50.

Éste es el día que hizo el Señor, ¡aleluya!
Sea nuestra alegría y nuestro gozo, ¡aleluya!

Oremos *(se hace un breve silencio)*

Con alegría te alabamos, Señor Jesucristo,
resucitado de entre los muertos.
Tus discípulos te reconocieron
en la fracción del pan.
Permanece ahora entre nosotros
al compartir estos alimentos.
Concédenos recibirte como nuestro invitado
en todos nuestros semejantes,
y que seamos bienvenidos por ti
para compartir la fiesta de tu Espíritu
con quien vives y reinas
por los siglos de los siglos. Amén.